My Matilda Word Book

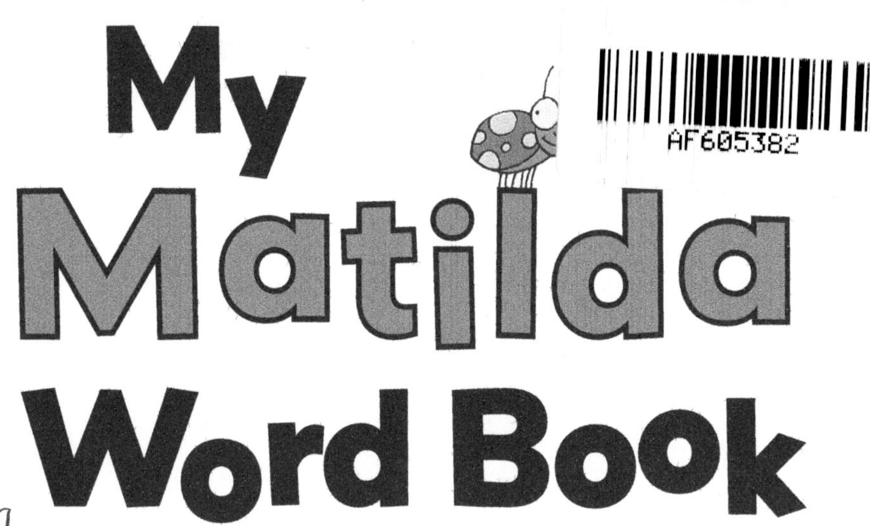

Name

Draw a picture of yourself.

A B C D E F G H I J K L M N O P Q R S T U V W X Y Z

Words I Know

A B C D E F G H I J K L M N O P Q R S T U V W X Y Z

a A

a
Aboriginal
about
add
after
again
all
an
and
animal

any
are
as
ask
at
aunty
Australia

A
B
C
D
E
F
G
H
I
J
K
L
M
N
O
P
Q
R
S
T
U
V
W
X
Y
Z

A B C D E F G H I J K L M N O P Q R S T U V W X Y Z

b B

bear

bouncing

bed

ball	box	
be	boy	
because	bunyip	
been	bush	
before	but	
big	buy	
billabong	by	
birthday	bye	
book		
bounce		

A
B
C
D
E
F
G
H
I
J
K
L
M
N
O
P
Q
R
S
T
U
V
W
X
Y
Z

A
B
C
D
E
F
G
H
I
J
K
L
M
N
O
P
Q
R
S
T
U
V
W
X
Y
Z

c C

cutting

cat

cake

call

came

can

can't

car

colour

come

cut

ch

children

chomping

chocolate

chair

chomp

A B C D E F G H I J K L M N O P Q R S T U V W X Y Z

A
B
C
D
E
F
G
H
I
J
K
L
M
N
O
P
Q
R
S
T
U
V
W
X
Y
Z

d D

dragon

dinosaur

dancing

dad

dance

day

desert

did

do

don't

down

draw

A
B
C
D
E
F
G
H
I
J
K
L
M
N
O
P
Q
R
S
T
U
V
W
X
Y
Z

A
B
C
D
E
F
G
H
I
J
K
L
M
N
O
P
Q
R
S
T
U
V
W
X
Y
Z

e E

elephant

echidna

exercising

eat

Elder

end

every

exercise

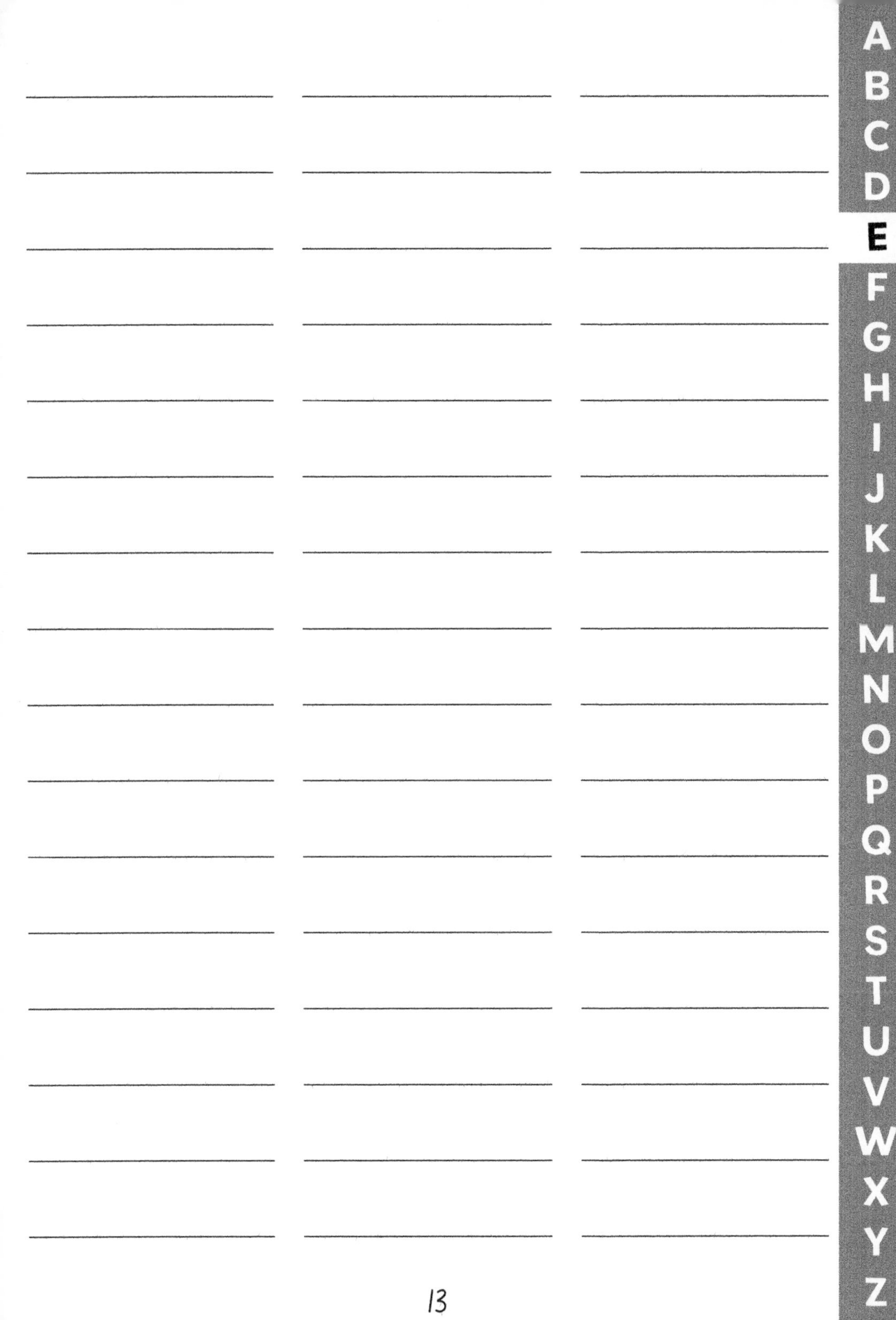
A
B
C
D
E
F
G
H
I
J
K
L
M
N
O
P
Q
R
S
T
U
V
W
X
Y
Z

A B C D E **F** G H I J K L M N O P Q R S T U V W X Y Z

f F

fairy

flying

frog

father

First Nations

fly

for

friend

from

A
B
C
D
E
F
G
H
I
J
K
L
M
N
O
P
Q
R
S
T
U
V
W
X
Y
Z

A
B
C
D
E
F
G
H
I
J
K
L
M
N
O
P
Q
R
S
T
U
V
W
X
Y
Z

g G

giraffe

gift

giving

get

give

go

going

good

got

A B C D E F G H I J K L M N O P Q R S T U V W X Y Z

A B C D E F G **H** I J K L M N O P Q R S T U V W X Y Z

h H

horse

hopping

hat

had	house	
has	how	
have		
he		
her		
here		
him		
his		
home		
hop		

A
B
C
D
E
F
G
H
I
J
K
L
M
N
O
P
Q
R
S
T
U
V
W
X
Y
Z

i I

iguana

igloo

ice-skating

I

ice-skate

if

in

is

it

A
B
C
D
E
F
G
H
I
J
K
L
M
N
O
P
Q
R
S
T
U
V
W
X
Y
Z

A
B
C
D
E
F
G
H
I
J
K
L
M
N
O
P
Q
R
S
T
U
V
W
X
Y
Z

j J

jelly beans

juggling

jellyfish

jam

juggle

jump

just

A
B
C
D
E
F
G
H
I
J
K
L
M
N
O
P
Q
R
S
T
U
V
W
X
Y
Z

A
B
C
D
E
F
G
H
I
J
K
L
M
N
O
P
Q
R
S
T
U
V
W
X
Y
Z

k K

kitten

kissing

kangaroo

keep

kind

kiss

know

A
B
C
D
E
F
G
H
I
J
K
L
M
N
O
P
Q
R
S
T
U
V
W
X
Y
Z

A
B
C
D
E
F
G
H
I
J
K
L
M
N
O
P
Q
R
S
T
U
V
W
X
Y
Z

l L

lion

lifting

lizard

lake

last

left

lift

like

little

live

look

A
B
C
D
E
F
G
H
I
J
K
L
M
N
O
P
Q
R
S
T
U
V
W
X
Y
Z

A
B
C
D
E
F
G
H
I
J
K
L
M
N
O
P
Q
R
S
T
U
V
W
X
Y
Z

m M

monster

meeting

mum

make

me

meet

mermaid

mob

mother

my

A
B
C
D
E
F
G
H
I
J
K
L
M
N
O
P
Q
R
S
T
U
V
W
X
Y
Z

A B C D E F G H I J K L M **N** O P Q R S T U V W X Y Z

n N

nuts

nibbling

narwhal

name

new

nibble

no

not

now

A
B
C
D
E
F
G
H
I
J
K
L
M
N
O
P
Q
R
S
T
U
V
W
X
Y
Z

A
B
C
D
E
F
G
H
I
J
K
L
M
N
O
P
Q
R
S
T
U
V
W
X
Y
Z

ŏ O

of

off

old

on

one

operate

or

our

out

over

A
B
C
D
E
F
G
H
I
J
K
L
M
N
O
P
Q
R
S
T
U
V
W
X
Y
Z

A
B
C
D
E
F
G
H
I
J
K
L
M
N
O
P
Q
R
S
T
U
V
W
X
Y
Z

p P

pears

picking

pig

pick

play

please

present

A
B
C
D
E
F
G
H
I
J
K
L
M
N
O
P
Q
R
S
T
U
V
W
X
Y
Z

A B C D E F G H I J K L M N O P **Q** R S T U V W X Y Z

q Q

queens

quilting

queue

quick

quiet

quilt

A
B
C
D
E
F
G
H
I
J
K
L
M
N
O
P
Q
R
S
T
U
V
W
X
Y
Z

r R

robot

rooster

rowing

ran

read

red

right

row

run

A B C D E F G H I J K L M N O P Q R S T U V W X Y Z

A B C D E F G H I J K L M N O P Q R **S** T U V W X Y Z

s S

said	stop	
saw		
say		
school		
see		
sit		
sleigh		
so		
some		
stomp		

sh

shells

shovelling

shark

she

show

A B C D E F G H I J K L M N O P Q R S T U V W X Y Z

A B C D E F G H I J K L M N O P Q R S T U V W X Y Z

t T

tiger

tumbling

tutu

take

tell

ten

to

today

tumble

A
B
C
D
E
F
G
H
I
J
K
L
M
N
O
P
Q
R
S
T
U
V
W
X
Y
Z

th

thinking

throne

thongs

thank	these
that	they
the	think
their	this
them	those
then	
there	

u U

undoing

umbrella

upside down

uncle

under

undo

up

us

A
B
C
D
E
F
G
H
I
J
K
L
M
N
O
P
Q
R
S
T
U
V
W
X
Y
Z

A B C D E F G H I J K L M N O P Q R S T U V W X Y Z

v V

vultures

vet

visiting

vampire

van

vanish

very

visit

A
B
C
D
E
F
G
H
I
J
K
L
M
N
O
P
Q
R
S
T
U
V
W
X
Y
Z

w W

wombat

worm

walking

walk	with	
want		
warm		
was		
we		
weigh		
went		
were		
will		
wish		

A
B
C
D
E
F
G
H
I
J
K
L
M
N
O
P
Q
R
S
T
U
V
W
X
Y
Z

wh

whistling

whale

wheelbarrow

what

when

where

whistle

who

A
B
C
D
E
F
G
H
I
J
K
L
M
N
O
P
Q
R
S
T
U
V
W
X
Y
Z

x X

xylophone

X-raying

X-ray

yawn

yes

you

your

A
B
C
D
E
F
G
H
I
J
K
L
M
N
O
P
Q
R
S
T
U
V
W
X
Y
Z

z Z

zebra

zigzagging

zigzag

zoo

Food

apple

bread

cake

cheese

chips

chocolate

egg

hamburger

ice-cream

jelly

midyim berry

milk

noodles

pizza

sandwich

spaghetti

strawberry

Colours

brown
white
black
silver
orange
red
pink
green
yellow
gold
grey
blue
purple

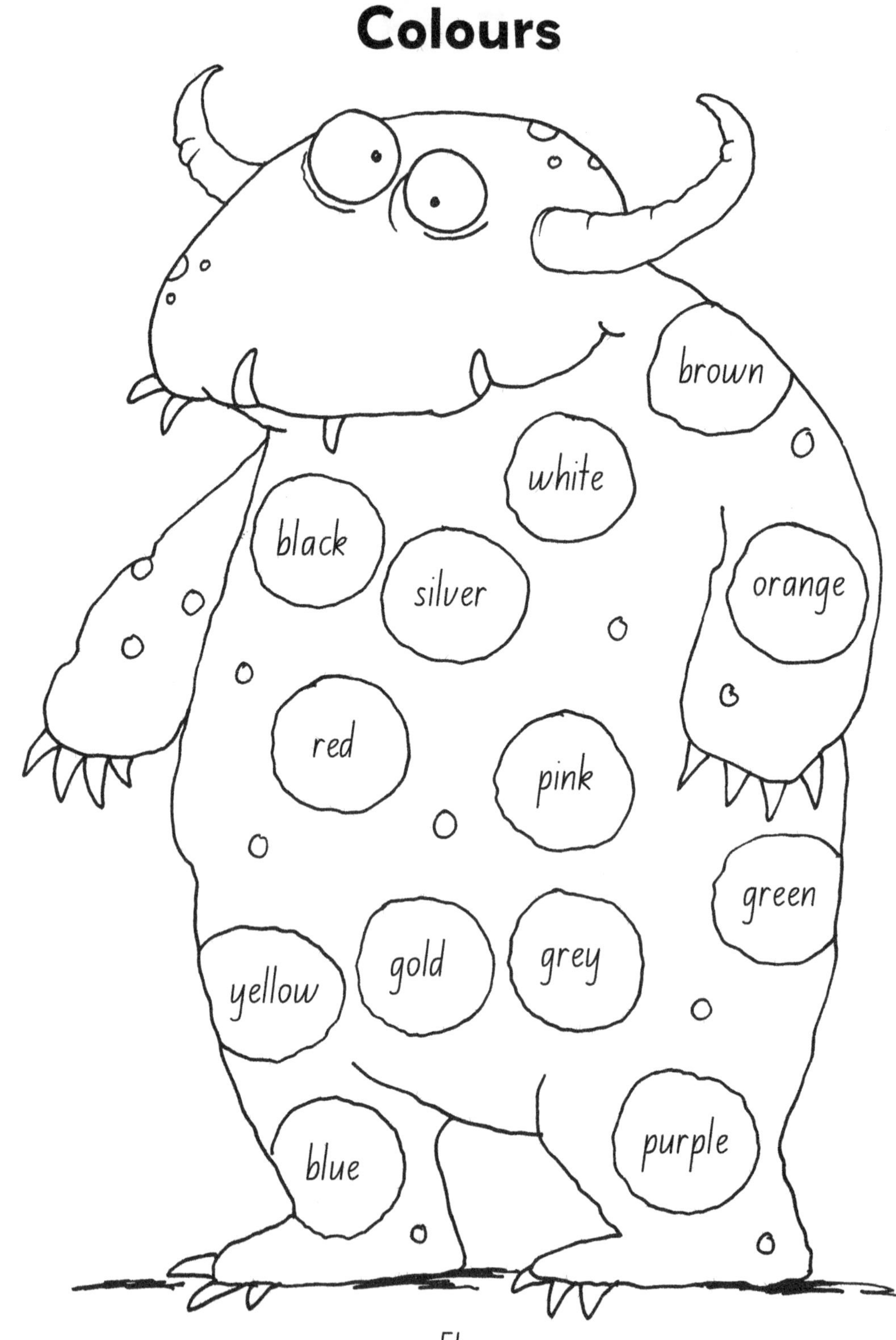

Days

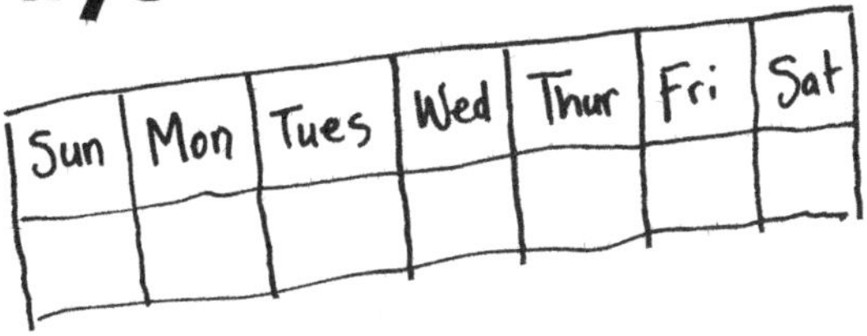

Sunday Monday
Tuesday Wednesday
Thursday Friday Saturday

Months

January February March April May June July

August September October November December

Time

hour
minute
second
o'clock
half past
quarter past
quarter to

day
week
weekend
month
year

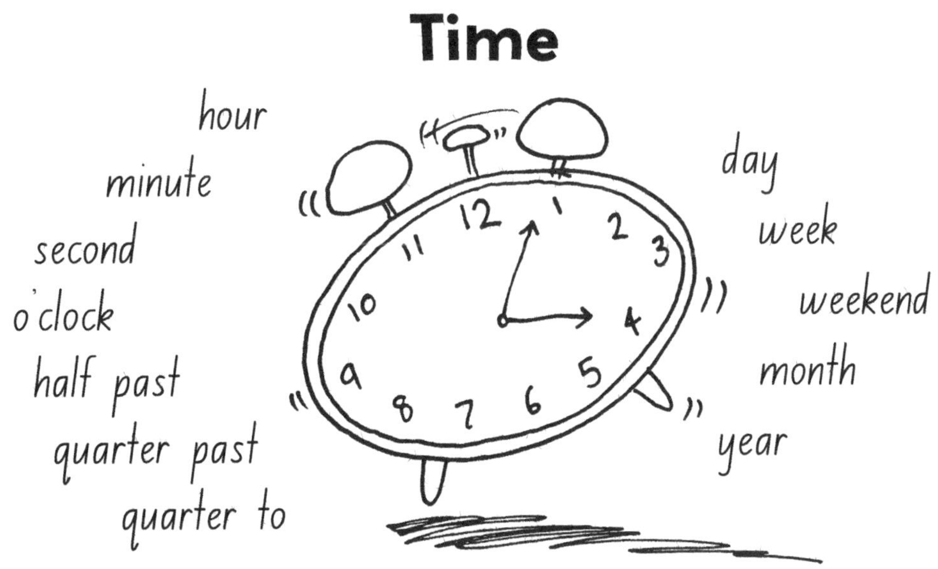

D'harawal Seasonal Calendar

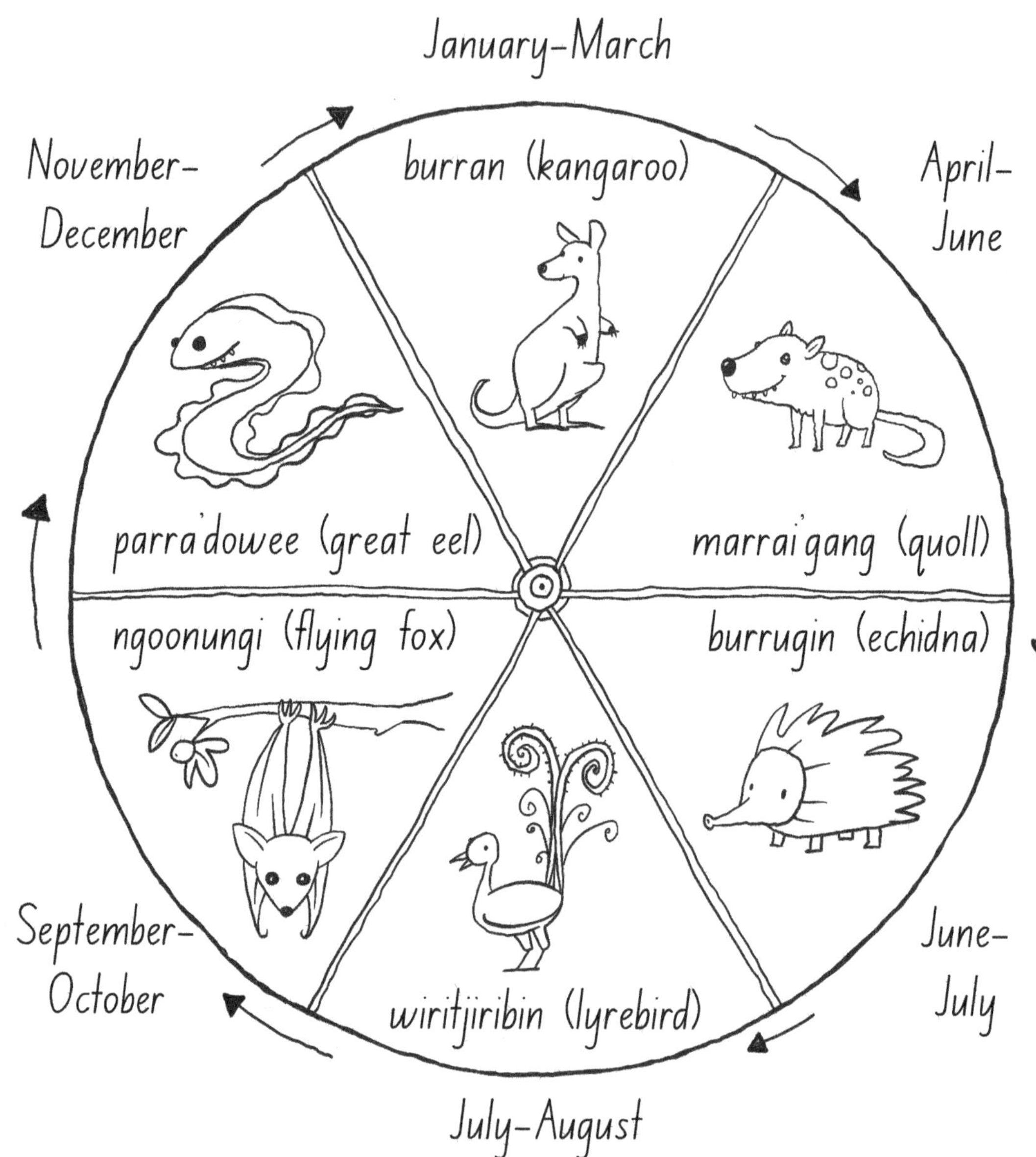

Seasons

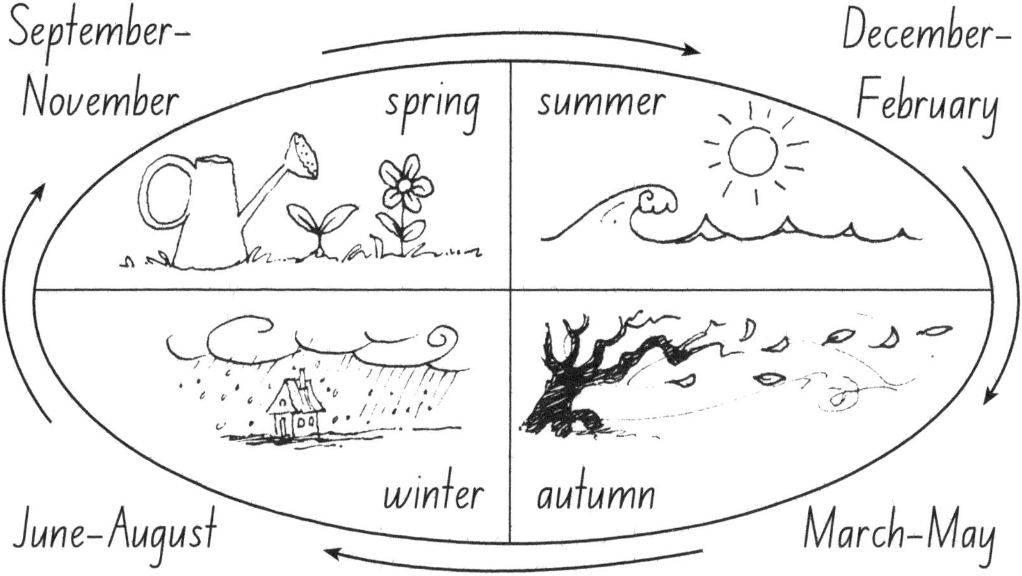

September–November
spring

December–February
summer

March–May
autumn

June–August
winter

Weather

cloudy
cold
cool
cyclone
dry
fine
fire
freezing
hail
hot
humid
lightning
rain
snow
storm
sun
thunder
warm
wet
windy

Numbers

1	one
2	two
3	three
4	four
5	five
6	six
7	seven
8	eight
9	nine
10	ten
11	eleven
12	twelve
13	thirteen
14	fourteen
15	fifteen

1st	first
2nd	second
3rd	third
4th	fourth
5th	fifth
6th	sixth

16	sixteen
17	seventeen
18	eighteen
19	nineteen
20	twenty
30	thirty
40	forty
50	fifty
60	sixty
70	seventy
80	eighty
90	ninety
100	one hundred
1 000	one thousand
1 000 000	one million

Shapes

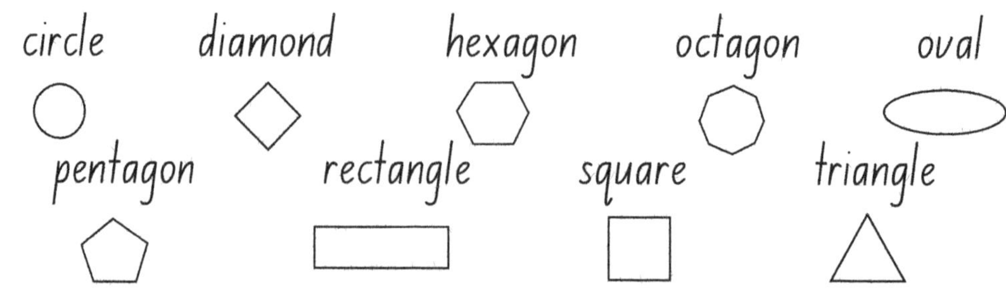

Parts of the Body

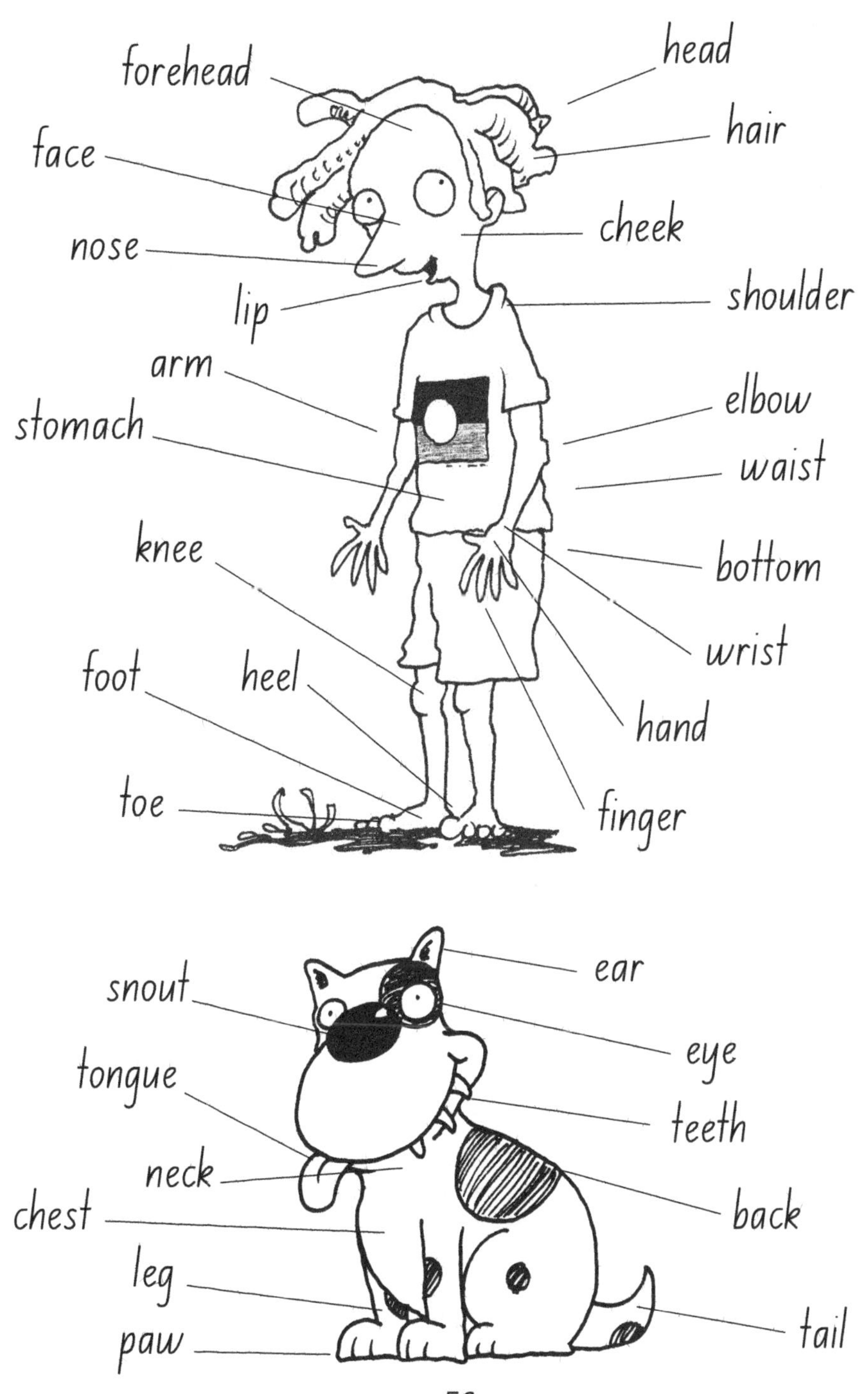

Feelings

I feel . . .

angry

crazy

cross

deadly

funny

happy

lonely

glad

sad

shy

sorry

scared

surprised

tired

worried

Family Words

mudjin (Darug Language word for 'family')

People in the Community

artist

baker

builder

dentist

doctor

Elder

farmer

firefighter

gardener

librarian

nurse

pilot

police officer

scientist

teacher

veterinarian

Farmyard Animals

bellow cheep moo quack

bull  chicken  cow  duck

cluck neigh snort baa

hen  horse  pig  sheep

Pets

tweet miaow

bird  cat kitten  fish

woof squeak

dog puppy  mouse  rabbit

Australian Land Animals

bilby
cassowary
dingo
echidna
emu
goanna
kangaroo
koala
kookaburra
numbat
possum
quokka
quoll
snake
wallaby
wombat

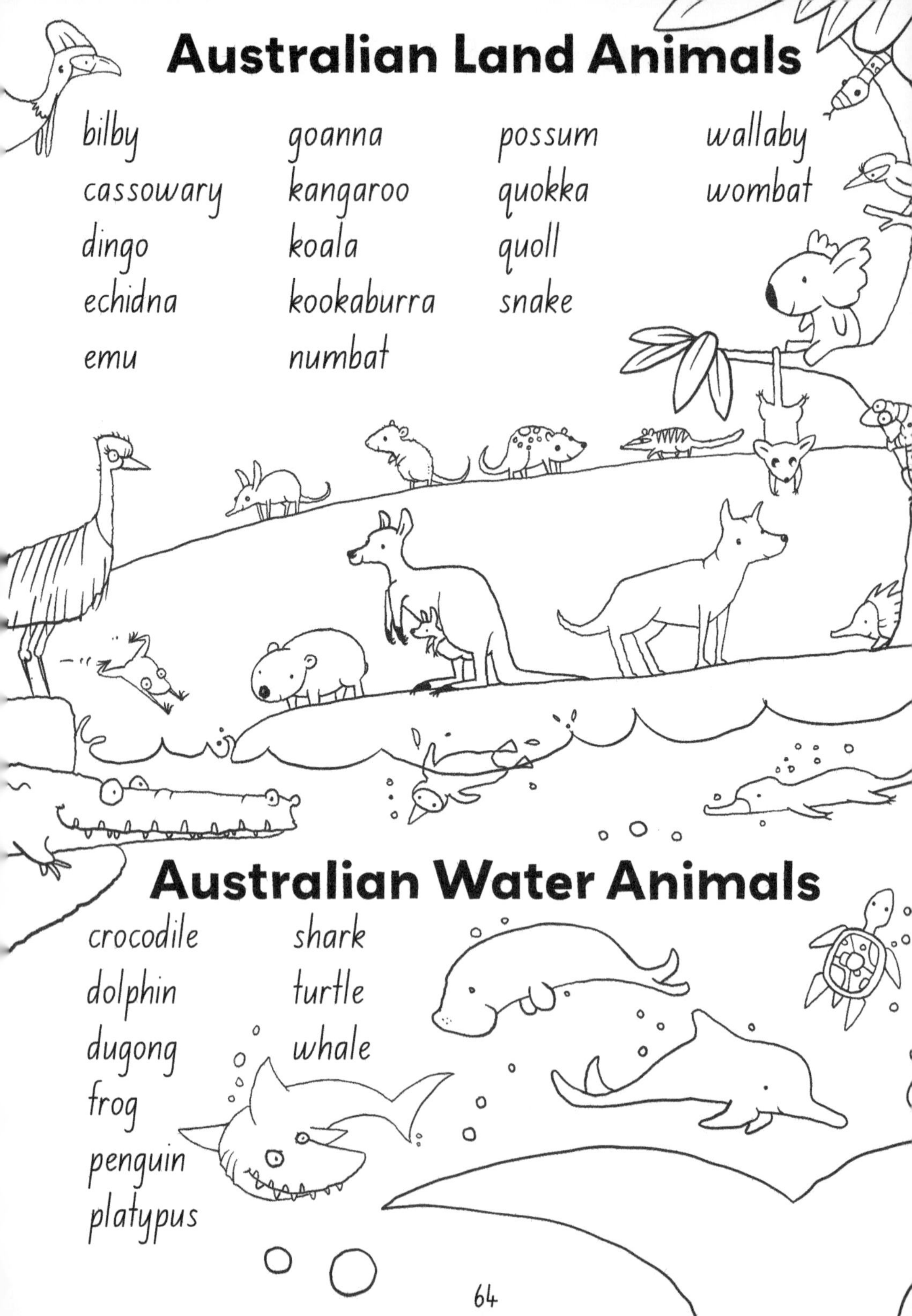

Australian Water Animals

crocodile
dolphin
dugong
frog
penguin
platypus
shark
turtle
whale

Zoo Animals

ape
bear
elephant
giraffe
hippopotamus
lion
meerkat
monkey
tiger
zebra

Insects

ant
bee
beetle
butterfly
cockroach
cricket
fly
grasshopper

Places I Go

I went to the . . .

airport	dentist	forest	museum	river
aquarium	doctor	hospital	park	shop
beach	fair	library	party	wharf
city	farm	movies	restaurant	zoo

Australia

Darwin
Garramilla
Brisbane
Meanjin
Sydney
Warrang
Canberra
Ngambri
Perth
Boorloo
Adelaide
Tarndanya
Melbourne
Naarm
Hobart
Nipaluna

Australian Flags

Australian national flag

red

white

blue

Did you know Australia has three flags?

Australian Aboriginal flag

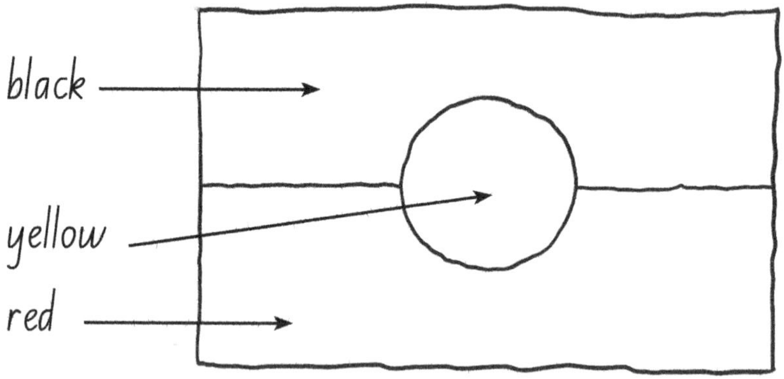

black

yellow

red

Torres Strait Islander flag

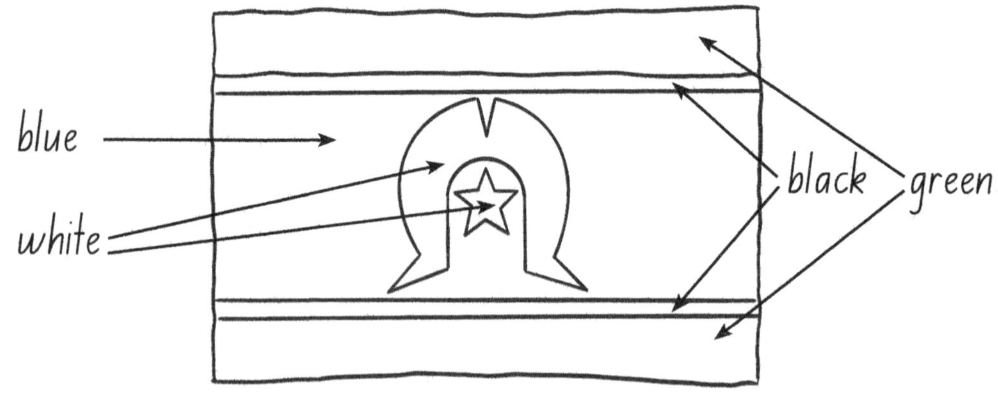